¡Saludos, camiones monstruo!

LOS CAMIONES MONSTRUO

QUINN M. ARNOLD

CREATIVE EDUCATION | CREATIVE PAPERBACKS

¡LOS CAMIONES MONSTRUO SON MI TIPO DE MERMELADA!
Driven By Alan Vaughan
Slingshot
CHROME
slingshot2014

Índice

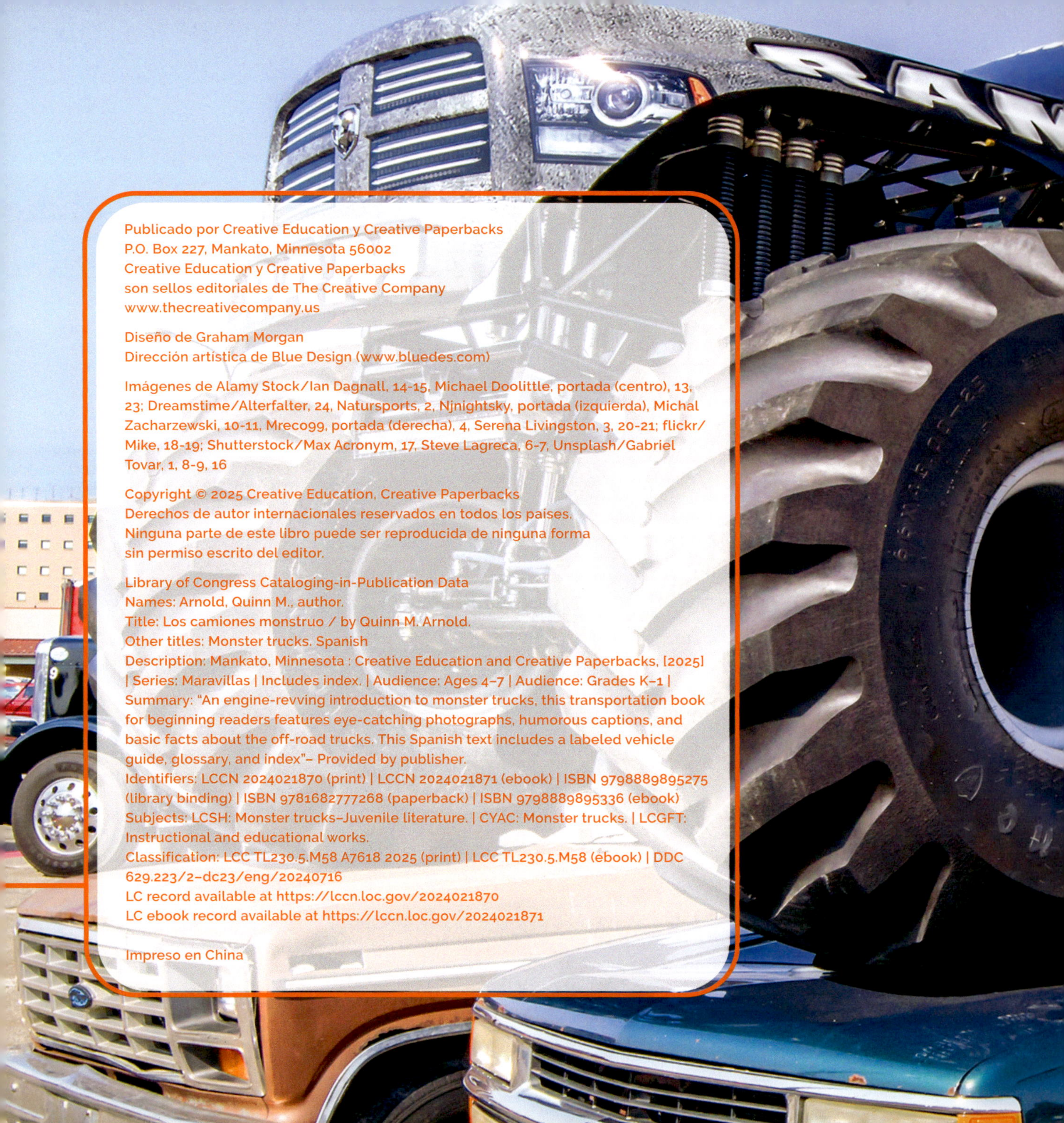

Publicado por Creative Education y Creative Paperbacks
P.O. Box 227, Mankato, Minnesota 56002
Creative Education y Creative Paperbacks
son sellos editoriales de The Creative Company
www.thecreativecompany.us

Diseño de Graham Morgan
Dirección artística de Blue Design (www.bluedes.com)

Imágenes de Alamy Stock/Ian Dagnall, 14-15, Michael Doolittle, portada (centro), 13, 23; Dreamstime/Alterfalter, 24, Natursports, 2, Njnightsky, portada (izquierda), Michal Zacharzewski, 10-11, Mrec099, portada (derecha), 4, Serena Livingston, 3, 20-21; flickr/Mike, 18-19; Shutterstock/Max Acronym, 17, Steve Lagreca, 6-7, Unsplash/Gabriel Tovar, 1, 8-9, 16

Library of Congress Cataloging-in-Publication Data
Names: Arnold, Quinn M., author.
Title: Los camiones monstruo / by Quinn M. Arnold.
Other titles: Monster trucks. Spanish
Description: Mankato, Minnesota : Creative Education and Creative Paperbacks, [2025] | Series: Maravillas | Includes index. | Audience: Ages 4–7 | Audience: Grades K–1 | Summary: "An engine-revving introduction to monster trucks, this transportation book for beginning readers features eye-catching photographs, humorous captions, and basic facts about the off-road trucks. This Spanish text includes a labeled vehicle guide, glossary, and index"– Provided by publisher.
Identifiers: LCCN 2024021870 (print) | LCCN 2024021871 (ebook) | ISBN 9798889895275 (library binding) | ISBN 9781682777268 (paperback) | ISBN 9798889895336 (ebook)
Subjects: LCSH: Monster trucks–Juvenile literature. | CYAC: Monster trucks. | LCGFT: Instructional and educational works.
Classification: LCC TL230.5.M58 A7618 2025 (print) | LCC TL230.5.M58 (ebook) | DDC 629.223/2–dc23/eng/20240716
LC record available at https://lccn.loc.gov/2024021870
LC ebook record available at https://lccn.loc.gov/2024021871

Impreso en China

Los camiones monstruo son camiones altos. Corren en pistas de tierra. ¡Aplastan a otros camiones!

La carrocería resistente del camión monstruo está hecha de **fibra de vidrio**. El nombre del camión está pintado en la carrocería.

TIBURÓN
¡ATAQUE!
MEGALODON

La carrocería se asienta sobre el chasis. Esta parte sostiene el motor. Las ruedas están debajo.

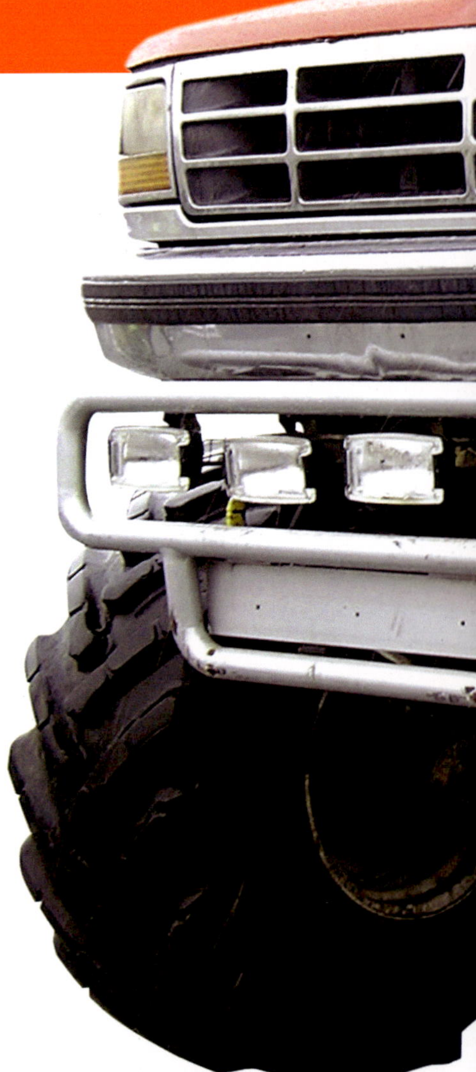

Dentro del camión hay una silla especial. Un cinturón de seguridad de seis piezas mantiene al conductor en la silla.

¡ABRÓCHATE EL CINTURÓN! ¡PUEDE QUE HAYA BACHES!

LLANTAS MONSTRUOSAS PARA LOS CAMIONES MONSTRUO

Un camión monstruo tiene cuatro ruedas grandes. Son tan altos como algunos adultos.

Los camiones monstruo hacen trucos. Saltan por los aires. Sus ruedas grandes se estrellan.

SWAMP THING
www.swampthing4x4.co.uk
7
RENT
SALVA
SALVA
SALVA

¡Adiós, camiones monstruo!

NECESITARÉ UN
LAVADO DESPUÉS
DE ESTO.
GRINDER
Advance Auto Parts
Advance Auto Parts

[Imagina un camión monstruo]

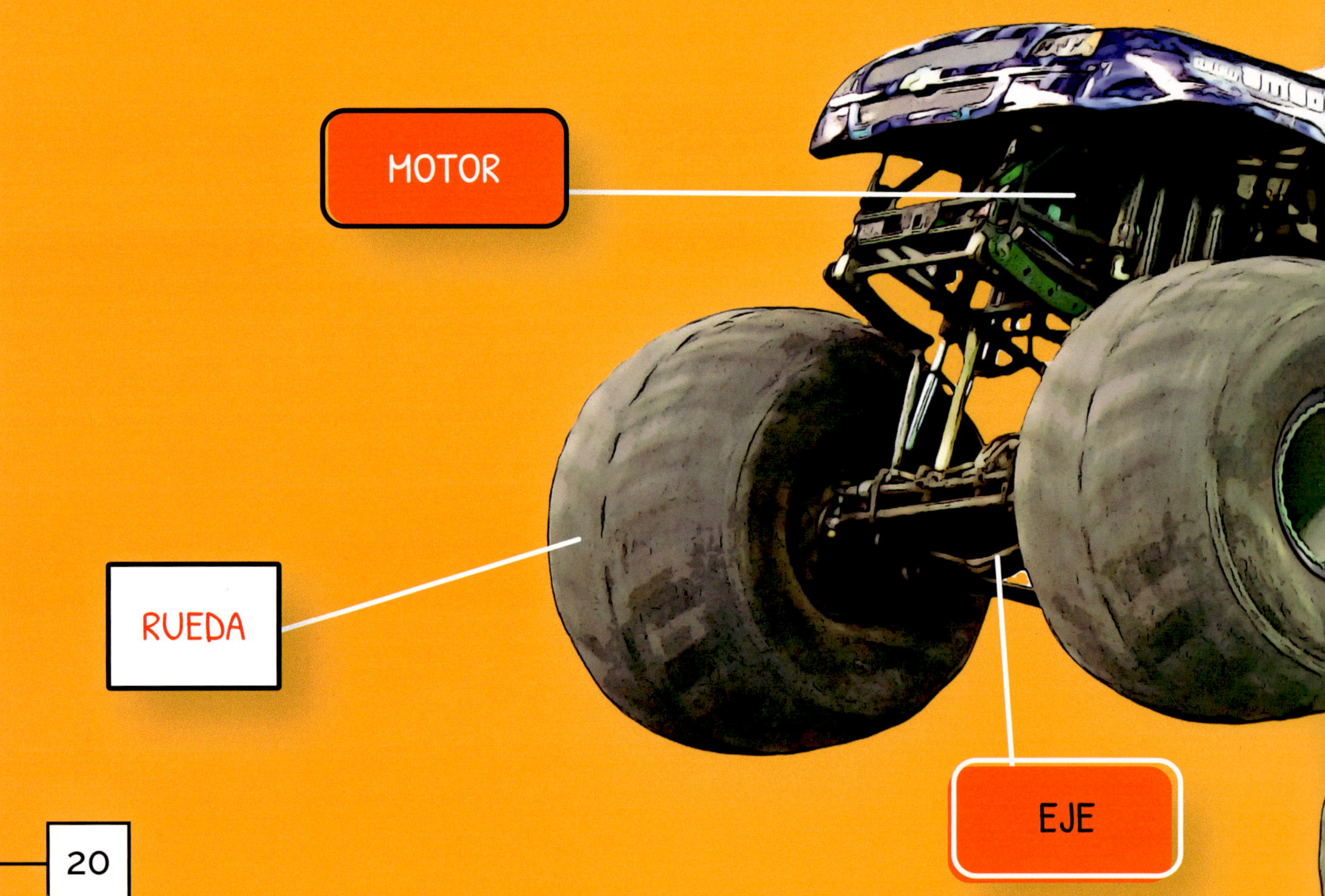

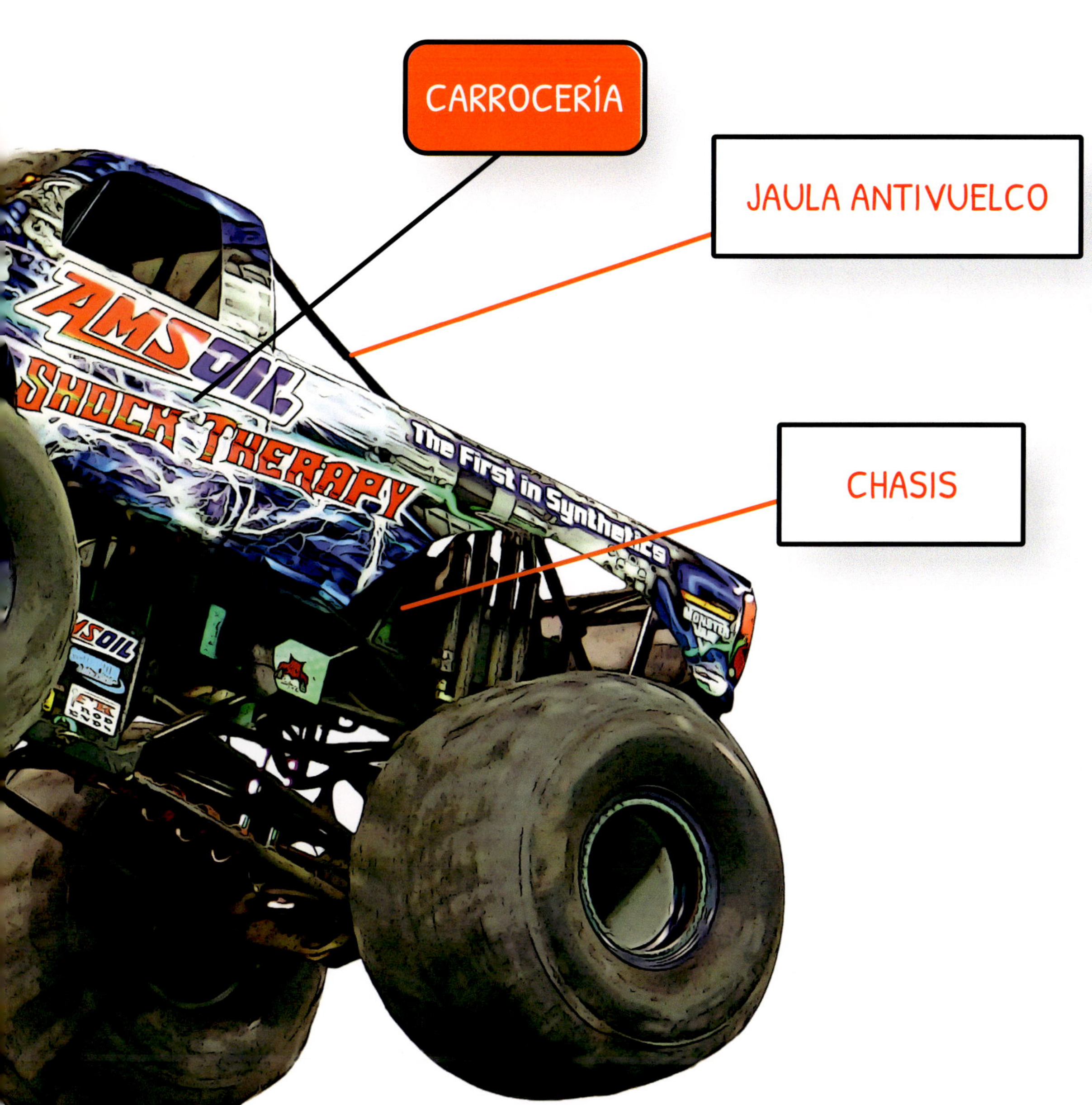
CARROCERÍA
JAULA ANTIVUELCO
CHASIS
AMSOIL
SHOCK THERAPY
The First in Synthetics

PALABRAS QUE DEBES CONOCER

chasis: el armazón metálico de un vehículo

fibra de vidrio: un material duradero hecho de plástico y vidrio

Pat Summa
Thrasher
FINISH LINE
Signs
TOYOTA OF WALLINGFORD
MONSTER JAM
DYNAMIC

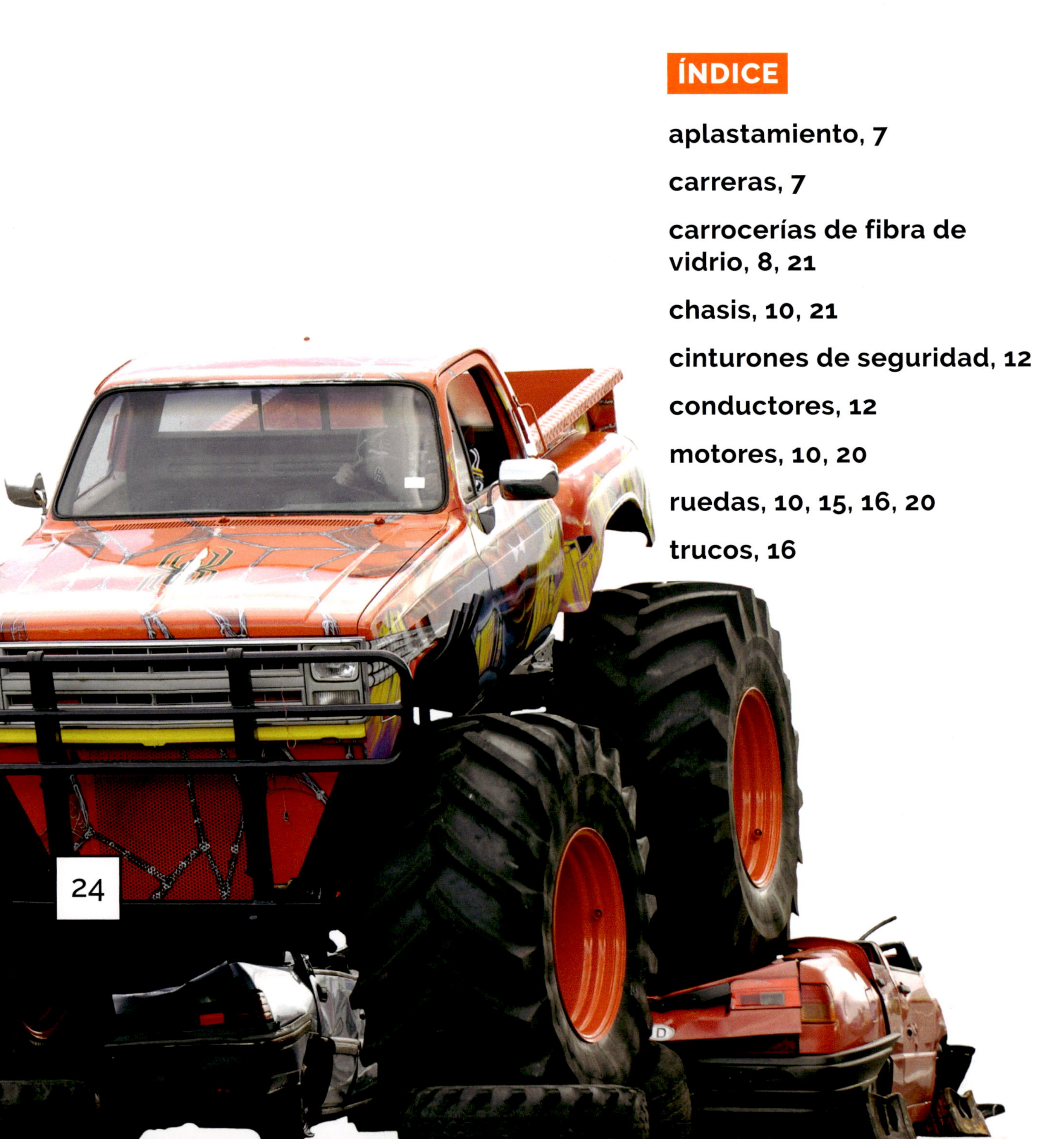

ÍNDICE